EDUCACION FINANCIERA, PRICIPIOS BASICOS.

Michel Grimaldo

Indeca

Dedicatoria   A la memoria de mis seres queridos, que siempre me han inculcado amor y han estado conmigo en las buenas y en las malas.

INTRODUCCIÓN

La educación financiera es un tema muy amplio que abarca una serie de habilidades y conocimientos que te ayudarán a tomar decisiones financieras más informadas y sabias. Algunos de los temas más comunes de la educación financiera incluyen el ahorro, el gasto responsable, la planificación financiera a largo plazo, la inversión, el crédito y la deuda, el seguro, la jubilación y la previsión de impuestos. También se incluyen temas relacionados con la educación bancaria y el uso de herramientas financieras, como cheques, tarjetas de crédito y servicios bancarios en línea. Es importante tener una buena educación financiera para poder manejar bien tus finanzas personales y alcanzar tus objetivos financieros.

El ahorro

El ahorro es una parte importante de la educación financiera y se refiere a la práctica de reservar una parte de sus ingresos para usar en el futuro. Existen diferentes razones por las que es importante ahorrar, como tener un fondo de emergencia para cubrir gastos imprevistos, ahorrar para la jubilación o para una meta a largo plazo, como comprar una casa o un coche.

Hay diferentes formas de ahorrar, como pueden ser ahorrar en una cuenta de ahorro en el banco, invertir en instrumentos financieros como bonos o acciones, o incluso guardar dinero en una alcancía en casa. Es importante encontrar una forma de ahorro que se adapte a tus necesidades y objetivos financieros.

Para empezar a ahorrar, es importante establecer un presupuesto y determinar cuánto dinero puedes reservar para ahorrar cada mes. Luego, puedes elegir una forma de ahorro que se adapte a tus necesidades y objetivos. También es importante tener en cuenta que el ahorro no es solo una cuestión de dinero, sino que también implica cambios en tus hábitos y estilo de vida para gastar menos y ahorrar más. Por ejemplo, puedes empezar a cocinar en casa en lugar de comer fuera, comparar precios antes de comprar algo y buscar ofertas y descuentos para ahorrar dinero en tus compras.

Un fondo de emergencia es una cantidad de dinero que se guarda para cubrir gastos imprevistos o situaciones de emergencia. Por lo general, se recomienda tener un fondo de emergencia que sea suficiente para cubrir sus gastos básicos durante al menos tres meses. Esto te permitirá hacer frente a situaciones inesperadas, como un despido, una enfermedad o una reparación costosa del hogar, sin tener que recurrir a la deuda.

El fondo de emergencia debe estar disponible de forma fácil y rápida, por lo que normalmente se recomienda guardarlo en una cuenta de ahorro en el banco. De esta forma, podrá acceder a su dinero en caso de emergencia sin tener que pagar penalizaciones por retirarlo antes de tiempo.

Tener un fondo de emergencia es una parte importante de la planificación financiera a largo plazo. Te permite tener un colchón de seguridad en caso de situaciones imprevistas y te ayuda a evitar caer en la deuda. Además, te da tranquilidad y te permite enfocarte en otros aspectos de tu vida, como tus metas y objetivos financieros a largo plazo.

Para establecer un presupuesto, es importante llevar a cabo un registro de sus ingresos y gastos durante un período de tiempo, como un mes. Puedes hacerlo en una hoja de cálculo o en una aplicación de presupuesto. Luego, clasifica tus gastos en categorías, como alquiler, comida, transporte y ropa. Una vez que sepas cuánto dinero entra y cuánto dinero sale, puedes determinar cuánto dinero puedes ahorrar cada mes y establecer metas de ahorro.

Es importante actualizar tu presupuesto periódicamente para asegurarte de que sigue siendo relevante y te ayuda a alcanzar tus objetivos financieros. También puedes usar tu presupuesto para hacer ajustes en tus gastos si necesitas ahorrar más dinero o si tienes cambios en tus ingresos. De esta forma, tu presupuesto te ayudará a controlar tus finanzas personales y a tomar decisiones financieras más sabias.

Para establecer objetivos financieros, es importante que primero tome en cuenta su situación financiera actual y luego determine qué es lo que desea lograr a corto, mediano y largo plazo. Una vez que tenga una idea clara de sus objetivos, deberá hacer un plan detallado para alcanzarlos, incluyendo un presupuesto y una estrategia para ahorrar e invertir. También puede ser útil hablar con un asesor financiero o un planificador financiero para obtener ayuda en la creación de su plan.

El gasto responsable

El gasto responsable en la educación financiera se refiere a la práctica de gastar y ahorrar de manera inteligente, de manera que se pueda financiar la educación de uno mismo o de un hijo sin comprometer el futuro financiero. Esto puede incluir hacer un presupuesto y tratar de reducir los gastos necesarios, ahorrar para la educación de antemano, buscar becas y ayudas financieras, y comparar precios y opciones de préstamos estudiantiles para obtener el mejor trato. Además, también es importante educarse a sí mismo sobre finanzas personales y tomar decisiones financieras informadas.

Aquí hay algunos ejemplos más de gasto responsable:

Ajustar su presupuesto regular para asegurarse de que está gastando de acuerdo a sus ingresos y prioridades.

Ahorrar un porcentaje de sus ingresos para estar preparado para situaciones imprevistas y para cumplir sus metas a largo plazo.

Comprar productos de calidad que durarán más tiempo en lugar de comprar productos de baja calidad que tendrán que ser eliminados con frecuencia.

Buscar ofertas y descuentos para ahorrar dinero en compras regulares.

Evitar el endeudamiento excesivo y tratar de pagar sus deudas a tiempo para evitar cargos por intereses y dañar su crédito.

Invertir en su futuro mediante la educación y la formación continuas para aumentar su valor en el mercado laboral.

Aquí hay algunos consejos para ahorrar de manera inteligente:

1. Haga un presupuesto y léalo regularmente para saber dónde está gastando su dinero y dónde puede ahorrar.

2. Priorice sus ahorros y establezca metas a corto, mediano y largo plazo para motivarse a ahorrar.

3. Aproveche las oportunidades de ahorro, como descuentos en la compra de artículos en grandes cantidades o ahorros en cuentas de ahorro automáticas.

4. Reduzca sus gastos innecesarios, como gastos en comidas fuera de casa o suscripciones que no utiliza.

5. Considere invertir parte de sus ahorros en instrumentos financieros que le permitan obtener una tasa de interés más alta que la que ofrecen las cuentas de ahorro tradicionales.

6. Hable con un asesor financiero o un planificador financiero para obtener ayuda en la creación de un plan de ahorro que se ajuste a sus necesidades y metas.

Planificación financiera a largo plazo

La educación financiera a largo plazo se refiere a la adquisición de habilidades y conocimientos en el ámbito de las finanzas personales que le permitirán tomar decisiones financieras informadas y planificar su futuro financiero a largo plazo. Esto puede incluir temas como ahorro e inversión, planificación de la jubilación, gestión de la deuda, protección financiera y gestión de impuestos. Adquirir estos conocimientos puede ayudar a alcanzar sus metas financieras a largo plazo y construir un futuro financiero seguro y estable.

La gestión de deuda se refiere a la práctica de administrar y reducir las deudas que uno tiene, ya sea a través de pagos programados, negociación de términos de pago con los acreedores o utilizando otras estrategias. La gestión de deuda es importante ya que el endeudamiento excesivo puede tener un impacto negativo en su crédito y en su capacidad de cumplir con sus otras obligaciones financieras.

Para trabajar en la gestión de deuda, es importante hacer una lista de todas sus deudas, incluyendo el monto total adeudado, la tasa de interés y la fecha de vencimiento de cada una. Luego, puede utilizar esta información para priorizar sus pagos y hacer un plan para pagarlas de manera eficiente. También puede considerar opciones como la consolidación de deudas o el refinanciamiento para obtener tasas de interés más bajas y hacer sus pagos más manejables. Además, es importante tratar de evitar incurrir en nuevas deudas mientras trabaja en la reducción de las deudas existentes.

La protección financiera se refiere a las medidas que uno toma para proteger su patrimonio y su capacidad de generar ingresos en caso de enfermedad, accidente, desempleo o fallecimiento. Esto puede incluir cosas como tener una póliza de seguro de vida, un seguro de desempleo o un seguro de salud. La protección financiera es importante ya que puede ayudar a asegurar el bienestar financiero de uno mismo y de su familia en caso de una emergencia. Además, también puede ayudar a reducir el estrés financiero y a permitirle enfocarse en su recuperación en lugar de preocupación por cómo pagar sus facturas.

El estrés financiero puede afectar a cualquier persona y puede tener un impacto negativo en su salud física y mental. Para trabajar el estrés financiero, es importante reconocer los signos y síntomas del estrés financiero y tomar medidas para abordarlo de manera efectiva. Algunas cosas que puede hacer para trabajar el estrés financiero incluyen:

Hacer un presupuesto y seguirlo para tener una mejor idea de sus ingresos y gastos y poder controlar su dinero de manera más efectiva.

Hablar con sus acreedores para negociar términos de pago más favorables si está teniendo dificultades para hacer sus pagos.

Buscar apoyo financiero, como asesoramiento o programas de ayuda financiera, si necesita ayuda para manejar sus deudas.

Practicar técnicas de gestión del estrés, como la respiración profunda, el ejercicio o la meditación, para ayudar a controlar el estrés financiero.

Buscar apoyo emocional, como hablar con un amigo o un profesional de la salud mental, si el estrés financiero está emergiendo su bienestar emocional.

En resumen, trabajar el estrés financiero implica tomar medidas concretas para abordar sus preocupaciones financieras de manera efectiva y buscar apoyo si lo necesita.

La inversión

La inversión es una parte importante de la educación financiera ya que puede ayudar a las personas a alcanzar sus objetivos financieros a largo plazo. Para abordar la inversión de manera adecuada, es importante que las personas tengan una comprensión clara de sus propios objetivos financieros y de su tolerancia al riesgo. También es importante investigar y comparar diferentes opciones de inversión, así como entender los riesgos y beneficios potenciales de cada opción. Es recomendable trabajar con un profesional financiero calificado que pueda ayudar a determinar el mejor camino para alcanzar sus objetivos de inversión.

La tolerancia al riesgo en la inversión se refiere a la capacidad de una persona para soportar la volatilidad y las pérdidas potenciales en sus inversiones. La tolerancia al riesgo puede variar de persona a persona y puede ser influenciada por factores como la edad, el nivel de ingresos, la situación financiera y los objetivos de inversión. Las personas con una alta tolerancia al riesgo pueden estar dispuestas a asumir más riesgo en sus inversiones con el fin de obtener un mayor rendimiento potencial, mientras que las personas con una baja tolerancia al riesgo pueden preferir inversiones más seguras y conservadoras. Es importante tener en cuenta su propia tolerancia al riesgo al tomar decisiones de inversión.

Hay varias maneras de manejar la tolerancia al riesgo en la inversión. Una de ellas es a través de la diversificación de su cartera de inversiones. Esto implica invertir en una variedad de activos diferentes, como acciones, bonos y bienes raíces, con el fin de disminuir el riesgo en su cartera. Otra manera de manejar su tolerancia al riesgo es a través del rebalanceo regular de su cartera. Esto implica ajustar la composición de su cartera para asegurarse de que sigue siendo adecuada para su tolerancia al riesgo y sus objetivos de inversión. También puede ser útil trabajar con un profesional financiero calificado que pueda ayudar a determinar su nivel de tolerancia al riesgo y desarrollar una estrategia de inversión adecuada.

Hay muchas opciones diferentes de inversión disponibles para las personas, y la mejor opción para usted frente a su situación financiera y de sus objetivos de inversión. Algunas opciones comunes de inversión incluyen acciones, bonos, bienes raíces, fondos mutuos y ETFs (fondos cotizados en bolsa). También hay opciones de inversión más alternativas, como criptomonedas, oro y plata, y bienes de consumo tangibles, como vino o arte. Es importante investigar y comparar diferentes opciones de inversión y entender sus riesgos y beneficios potenciales antes de tomar una decisión

Un asesor de inversiones es un profesional financiero que ayuda a las personas y a las empresas a tomar decisiones informadas sobre sus inversiones. Un asesor de inversiones puede ayudar a sus clientes a desarrollar un plan de inversión que se ajuste a sus objetivos financieros y a su tolerancia al riesgo. Esto puede incluir la selección de diferentes activos, como acciones, bonos y bienes raíces, y la asignación de la cartera de inversiones de una persona para maximizar su rendimiento potencial y minimizar su riesgo. Los asesores de inversiones también pueden ayudar a sus clientes a seguir de cerca sus inversiones y a realizar ajustes en su cartera de inversión en función de los cambios en la economía y en el mercado financiero. (No lo haga solo).

El crédito

El manejo del crédito y la deuda es un tema importante en la educación financiera. Una manera de abordar este tema es a través de la comprensión de cómo funciona el crédito y cómo se pueden obtener y utilizar de manera responsable las tarjetas de crédito y los préstamos. También es importante comprender los diferentes tipos de interés y cómo disminuir el costo total del crédito. Además, es fundamental aprender a monitorear y controlar las propias deudas y desarrollar un plan para pagarlas de manera efectiva.

Aquí tienes 3 ejemplos de los créditos más utilizados.

- Una persona puede solicitar un crédito para comprar una casa. En este caso, el prestamista le dará una cantidad determinada de dinero, que la persona comprometida para comprar la casa. La persona tendrá que devolver el dinero prestado, junto con una cantidad adicional en concepto de intereses, en un plazo acordado.

- Una empresa puede solicitar un crédito para financiar su crecimiento o para cubrir sus necesidades de capital de trabajo. En este caso, el prestamista le dará una cantidad determinada de dinero a la empresa, que la empresa tendrá que devolver, junto con intereses, en un plazo acordado.

- Una persona puede solicitar una tarjeta de crédito para realizar compras en línea o en tiendas. En este caso, el prestamista le dará un límite de crédito que la persona podrá utilizar para realizar compras. La persona tendrá que pagar una determinada cantidad de dinero cada mes, que cantidad tendrá el monto de las compras realizadas y los intereses acumulados.

Una tarjeta de crédito es un tipo de financiamiento que se otorga a una persona por un prestamista, como un banco o una empresa de tarjetas de crédito. La persona recibe un límite de crédito que puede utilizar para realizar compras en tiendas o en línea. Cuando se utiliza la tarjeta de crédito, el prestamista le cobra a la persona intereses por el uso del crédito. La persona tiene que pagar una determinada cantidad de dinero cada mes, que cantidad deberá el monto de las compras realizadas y los intereses acumulados. Si la persona no paga la totalidad de su saldo cada mes, los intereses se acumularán y el costo total del crédito deteriorado.

Un crédito hipotecario es un tipo de crédito que se utiliza para financiar la compra de una propiedad inmueble, como una casa. El prestamista le da una determinada cantidad de dinero a la persona, que seguramente para comprar la propiedad. A cambio, la persona tiene que devolver el dinero prestado, junto con una cantidad adicional en concepto de intereses, en un plazo acordado. Como garantía del crédito, el prestamista recibe una hipoteca sobre la propiedad, lo que significa que, si la persona no cumple con sus pagos, el prestamista puede recuperar la propiedad y venderla para recuperar su dinero.

Un ejemplo de un crédito hipotecario podría ser el siguiente: una persona solicita un crédito hipotecario por $200,000 para comprar una casa. El prestamista le otorga el crédito y le exige una tasa de interés del 5% anual. La persona tiene que devolver el dinero prestado en 20 años, lo que significa que tendrá que hacer pagos mensuales de $1,073. En total, la persona tendrá que devolver $257,280, lo que incluye los $200,000 originales y $57,280 en intereses.

Un mal manejo del crédito puede ocurrir cuando una persona no utiliza su crédito de manera responsable. Esto puede incluir cosas como no pagar las facturas a tiempo, exceder el límite de crédito, o tener demasiados préstamos o tarjetas de crédito abiertas. Todo esto puede llevar a cabo una acumulación de deudas y una disminución del puntaje de crédito.

Para evitar un mal manejo del crédito, es importante tener una comprensión clara de cómo funciona el crédito y cómo utilizarlo de manera responsable. Es importante monitorear y controlar las propias deudas y desarrollar un plan para pagarlas de manera efectiva. Trabajar con un profesional financiero calificado puede ser de gran ayuda para evitar un mal manejo del crédito.

El seguro

El seguro es un tipo de protección financiera que cubre a una persona o a una empresa contra posibles pérdidas en caso de un evento imprevisto, como un accidente, una enfermedad o una catástrofe natural. En la educación financiera, el seguro se considera una herramienta importante para ayudar a las personas a proteger su patrimonio y a preparar para eventos imprevistos. Hay diferentes tipos de seguro, como el seguro de vida, el seguro de salud, el seguro de propiedad y el seguro de responsabilidad civil, que cubren diferentes tipos de riesgos. Es importante investigar y comparar diferentes opciones de seguro y entender sus características y sus limitaciones antes de tomar una decisión.

Un seguro de vida es un tipo de seguro que cubre a una persona en caso de muerte. Cuando la persona fallece, el beneficiario del seguro recibe una cantidad determinada de dinero, que se llama suma asegurada. Esta cantidad puede ser utilizada para cubrir los gastos funerarios, para ayudar a los familiares a cubrir sus gastos de vida, o para cualquier otro propósito que el beneficiario considere adecuado.

Un ejemplo de un seguro de vida podría ser el siguiente: una persona compra un seguro de vida por $500,000. La persona paga una prima mensual de $50 para mantener el seguro vigente. Si la persona falla, el beneficiario del seguro recibe $500,000. El beneficiario puede utilizar este dinero para cubrir los gastos funerarios y para ayudar a los familiares a cubrir sus gastos de vida.

Un seguro de salud es un tipo de seguro que cubre a una persona en caso de enfermedad o lesión. Cuando la persona necesita atención médica, el seguro de salud cubre parte o la totalidad de los costos incurridos. Los costos cubiertos pueden incluir cosas como consultas médicas, exámenes, medicamentos y cirugías.

Un ejemplo de un seguro de salud podría ser el siguiente: una persona tiene un seguro de salud que cubre el 80% de los costos médicos. Si la persona tiene que ir al hospital para una cirugía que cuesta $10,000, el seguro cubrirá $8,000 y la persona tendrá que pagar $2,000. Si la persona tiene que tomar medicamentos que cuestan $100 por mes, el seguro cubrirá $80 y la persona tendrá que pagar $20. En este ejemplo, el seguro de salud ayuda a la persona a cubrir parte de los costos médicos incurridos.

Un seguro de propiedad es un tipo de seguro que cubre a una persona o a una empresa en caso de pérdida o daño a su propiedad. Esto puede incluir cosas como una casa, un vehículo o un negocio. Cuando ocurre un evento que causa pérdida o daño a la propiedad, el seguro cubre parte o la totalidad de los costos incurridos para reparar o reemplazar la propiedad.

Un ejemplo de un seguro de propiedad podría ser el siguiente: una persona tiene un seguro de propiedad que cubre su casa contra robos, incendios y daños causados por el clima. Si la casa sufre un incendio y se quema parcialmente, el seguro cubrirá los costos de reparación y reemplazo de la parte dañada. Si la casa sufre daños por una tormenta de granizo y se rompe una ventana, el seguro cubrirá el costo de reparación.

Un seguro de responsabilidad civil es un tipo de seguro que protege a una persona o empresa de posibles demandas o reclamaciones de terceros por daños o lesiones que haya causado accidentalmente. Por ejemplo, si tiene un seguro de responsabilidad civil y causas de un accidente de tráfico, la aseguradora se encargará de cubrir las posibles reclamaciones de las personas implicadas en el accidente.

Algunos de los beneficios de tener un seguro son:

- Te ofrece protección financiera en caso de sufrir un evento cubierto por la póliza.
- Te ayuda a cubrir gastos imprevistos y costosos.
- Te ofrece tranquilidad y te permite estar preparado ante cualquier imprevisto.
- En algunos casos, tener un seguro puede ser un requisito legal o una condición para obtener un crédito o un préstamo.

Por otro lado, algunos de los inconvenientes de tener un seguro son:

- Puede resultar un gasto extra en tu presupuesto.

- Puedes tener que cumplir ciertas obligaciones y requisitos para mantener la cobertura del seguro.
- Puedes tener que pagar una franquicia (una cantidad que queda a tu cargo en caso de siniestro) en algunos casos.
- En algunos casos, puedes tener que pagar una prima más alta si tienes un perfil de riesgo elevado.

La jubilación

Como podemos comenzarnos a preparar para la jubilación, aunque el tema pariera repetitivo te sugiero lo siguiente:

- Haz una revisión de tus finanzas personales y determina cuál es tu situación financiera actual. Esto incluye tener una idea clara de tus ingresos, gastos, ahorros y deudas.

- Establece un presupuesto y trata de ahorrar una parte de tus ingresos para la jubilación. Ten en cuenta que es posible que necesites una cantidad significativa de dinero para cubrir tus gastos en la jubilación, por lo que es importante comenzar a ahorrar temprano.

- Investigue las diferentes opciones de ahorro para la jubilación, como cuentas individuales de jubilación (IRA), planes de jubilación de empleados (401(k) o 403(b)), o cuentas de ahorro para la jubilación (Roth IRA). Elige la opción que mejor se adapte a tus necesidades y objetivos.

- Aprende sobre los diferentes tipos de inversiones y considera incorporarlas en tu cartera de ahorro para la jubilación. Las inversiones pueden ayudarte a generar un ingreso adicional y proteger tu dinero contra la inflación. Sin embargo, también conlleva un cierto riesgo, por lo que es importante que investigue cuidadosamente antes de tomar una decisión.

- Considere la posibilidad de obtener una asesoría financiera profesional. Un asesor financiero puede ayudarte a planificar tus finanzas para la jubilación de manera más efectiva y asegurarte de que estás tomando las decisiones correctas.

Durante la jubilación, pueden surgir varios problemas, entre ellos:

- Insuficiente ahorro: Uno de los principales problemas que enfrentan las personas durante la jubilación es no haber ahorrado suficiente dinero para cubrir sus gastos. Si no se han establecido metas de ahorro y se ha hecho un seguimiento regular de las finanzas personales, es posible que no se tenga suficiente dinero para enfrentar los gastos de la jubilación.

- Cambios en la situación financiera: Durante la expiración, pueden surgir cambios en la situación financiera, como la pérdida de una fuente de ingresos o un aumento en los costos de vida. Estos cambios pueden hacer que sea más difícil mantener el nivel de vida deseado durante la jubilación.

- Salud: La salud es un factor importante a considerar durante la jubilación. Pueden surgir problemas de salud que requieran atención médica costosa, lo que puede afectar las finanzas personales.

- Soledad: La jubilación también puede conllevar un aumento en la soledad, ya que las personas pueden sentirse aisladas al dejar el mundo laboral y perder el contacto con compañeros de trabajo. La soledad puede tener un impacto negativo en la salud y el bienestar emocional.

- Cambios en las relaciones: La jubilación también puede afectar las relaciones con amigos y familiares. Pueden surgir conflictos debido a cambios en el papel que cada persona desempeña en la familia y en la sociedad, o debido a diferencias en los planes y objetivos de cada persona.

En resumen, la jubilación puede traer consigo cambios significativos en la vida de las personas, tanto en el plano financiero como en el personal. Es importante estar preparado para enfrentar estos cambios y tener un plan en lugar para garantizar una jubilación segura y satisfactoria.

El ahorro

La previsión de impuestos se refiere a la estimación de la cantidad de impuestos que se deberá pagar en un período determinado. Esto puede ser útil para planificar el presupuesto y asegurarse de que se tienen los fondos necesarios para cubrir los impuestos en la fecha en que se deban pagar.

Hay varias maneras de manejar la previsión de impuestos. Algunas de ellas son:

- Mantener un registro de los ingresos y gastos: Es importante llevar a cabo un registro de los ingresos y gastos para tener una idea clara de cuánto dinero se está ganando y gastando. Esto puede ayudar a estimar la cantidad de impuestos que se deben pagar en base a los ingresos.

- Usando un software de contabilidad: Existen diferentes programas de software que pueden ayudar a llevar a cabo un registro de los ingresos y gastos y calcular la cantidad de impuestos que se deben pagar. Estos programas suelen ser fáciles de usar y pueden ahorrar mucho tiempo y esfuerzo.

- Consultar con un contador: Si tiene dificultades para llevar a cabo un registro de sus finanzas o no está seguro de cómo calcular sus impuestos, puede consultar con un contador profesional. Un contador puede ayudarte a llevar a cabo un registro de tus finanzas y a estimar la cantidad de impuestos que se debe pagar.

En resumen, la previsión de es una herramienta importante para planificar el presupuesto y asegurarse de que se tienen los fondos necesarios para cubrir los impuestos en la fecha en que se deban pagar. Esto puede ayudarte a evitar problemas financieros y a mantener tus finanzas personales en orden.

Las funciones principales de un contador son:

- Llevar un registro preciso y completo de las finanzas de una empresa o individuo. Esto incluye llevar a cabo una contabilidad detallada de todos los ingresos, gastos, inversiones y deudas.

- Preparar y presentar los estados financieros de una empresa, como el balance general, el estado de resultados y el estado de flujo de efectivo. Estos estados financieros consolidan una visión general de la situación financiera de la empresa y son esenciales para tomar decisiones empresariales informadas.

- Ayudar a los clientes a cumplir con sus obligaciones fiscales. Esto incluye asesorar sobre los impuestos que se deben pagar y preparar y presentar las declaraciones de impuestos a tiempo.

- Proporcionar asesoramiento financiero a los clientes. Los contadores pueden ayudar a los clientes a planificar sus finanzas, a identificar oportunidades de ahorro y a tomar decisiones financieras informadas.

- Realizar auditorias financieras. Los contadores pueden realizar auditorías financieras para evaluar la exactitud y la integridad de los registros financieros de una empresa. Esto es esencial para garantizar la transparencia y la confiabilidad de las finanzas de la empresa.

En resumen, las funciones principales de un contador son llevar un registro preciso y completo de las finanzas de una empresa o individuo, preparar y presentar los estados financieros, ayudar a los clientes a cumplir con sus obligaciones fiscales, proporcionar asesoría financiera y realizar auditorías financieras.

Si te encuentras en una situación de banca rota, es importante que tomes medidas para resolver tu situación financiera lo antes posible. Algunos consejos que puedes seguir son:

- Haz una revisión de tus finanzas personales: Es importante que tengas una idea clara de tu situación financiera actual. Haz una lista de tus ingresos, gastos, ahorros y deudas para tener una visión general de tu situación.

- Establece un presupuesto: Un presupuesto te ayudará a controlar tus gastos y a ahorrar dinero. Intente reducir sus gastos en lo posible y ahorre una parte de sus ingresos para pagar sus deudas y mejorar su situación financiera.

- Pide ayuda: Si no estás seguro de cómo manejar tu situación financiera, puedes buscar ayuda profesional. Un asesor financiero o un contador pueden ayudarte a planificar tus finanzas y encontrar una solución para salir de la banca rota.

- Negocia con tus acreedores: Si no puedes pagar tus deudas, intenta negociar con tus acreedores para llegar a un acuerdo que te permita pagar tus deudas a un ritmo que puedas manejar. Puedes pedir una reducción del interés o una extensión del plazo de pago para hacer tus deudas más manejables.

- Evita tomar nuevas deudas: Si estás en banca rota, es importante que evites tomar nuevas deudas. Esto puede agravar su situación financiera y hacer que sea más difícil salir de la banca rota.

En resumen, salir de la banca rota requiere de un plan y un esfuerzo sostenido. Haz una revisión de tus finanzas, establece un presupuesto, pide ayuda profesional si lo necesitas, negocia con tus acreedores y evita tomar nuevas deudas. Con perseverancia y dedicación, podrás salir de la banca rota y mejorar tu situación financiera.

Acerca del Autor

Vloguero, Guitarrista y Gamer, amante del café, la vida y la música.

FIN

Made in United States
North Haven, CT
09 February 2023

32231970R00015